Corte d'Appello di Torino — CAUSA DI STAMPA

IL
NOSTRO PROCESSO

MEMORIA

DI

G. A. GIUSTINA (Ausonio Liberi)

Direttore della CRONACA DEI TRIBUNALI

Questionario:
1° Il direttore del giornale è responsabile giuridicamente?
2° La domanda della prova è in materia di diffamazione?

TORINO
TIPOGRAFIA EDITRICE G. CANDELETTI
Via della Zecca, Numero 11

1881

In the interest of creating a more extensive selection of rare historical book reprints, we have chosen to reproduce this title even though it may possibly have occasional imperfections such as missing and blurred pages, missing text, poor pictures, markings, dark backgrounds and other reproduction issues beyond our control. Because this work is culturally important, we have made it available as a part of our commitment to protecting, preserving and promoting the world's literature. Thank you for your understanding.

Italy

IL NOSTRO PROCESSO

IL NOSTRO PROCESSO

Il 4 maggio noi siamo chiamati innanzi alla nostra Corte d'Appello per rispondere in seconda istanza del reato di diffamazione, di cui ci accusa il signor Barberis pel resoconto della causa *Goffi*.

Sono noti i fatti, che causarono e il primo ed il secondo processo. Non li ricordiamo. Diremo solo per quali motivi nuovamente sul banco degli imputati si chiami il direttore del giornale e si tenti farlo dichiarare responsabile. È una grave questione di principio e di diritto. Il Tribunale Correzionale nella sua prima ordinanza dichiarava a nostro riguardo non farsi luogo a procedimento, perchè nella nostra SOLA ed UNICA qualità di direttore, legalmente non potevamo stare in causa. Il Tribunale interpretava così nell'unico modo possibile la nostra legge sulla stampa, dichiarando, che con opposto giudizio, egli si sarebbe sostituito al legislatore. (Ordinanza del Trib. di Torino 21 febbraio).

Più volte abbiamo parlato della missione della stampa, ed in special modo di quella, la quale maggiormente diffusa nelle masse popolari, tratta dei drammi giudiziari e ne trae argomento per seminare massime morali nella folta schiera de' suoi lettori. Rispondendo a certe censure del Lombroso, il quale, in suo libro parea volesse accollare alla stampa, che s'occupa di Tribunali, una delle cause del diffondersi del delitto in Italia, dimostrammo come anzi la stampa giudiziaria popolare compia uno dei primi doveri del suo istituto, facendo conoscere là dove si finisce col vulnerare l'imperativo della legge, col far offesa al codice della società e della morale. Noi abbiamo la coscienza di aver sempre ammaestrato il popolo a pigliare del pari in aborrimento, tirannide e licenza, ipocrisia e delitto. « *Vedete come finiscono i facinorosi! Vedete dove conduce l'avidità dei subiti guadagni! Vedete come la legge, uguale per tutti, colpisca inesorabilmente e grandi e piccoli, signori e poveri! Vedete qual frutto ci danno le sfrenate passioni! Da questi esempi dovete trar partito... per non incappare nel disonore!* » Ecco il corollario di tutti i nostri resoconti; ecco la perorazione di tutti i nostri articoli; ecco le massime, alle quali ci siamo sempre ispirati ed alle quali ci manterremo ognora mai fedeli.

Questo abbiamo detto, perchè nel primo processo — contro noi, giuridicamente assenti — fu scagliato dall'avvocato della Parte Civile, l'anatema d'immoralità. E l'avvocato in questione, si è permesso di leggere una pagina di un nostro romanzo, nel quale riproducevamo un brano dell'illustre fisiologo Giambattista Licata sull'istinto dell'amore. Nel qual brano l'autore del lodatissimo libro: *La Fisiologia dell'Istinto*, paragonava ad una passione impura, l'isterico amore di Santa Teresa. L'avvocato Carlo Nasi, con opportunismo da avversario abile ed astuto, assumendo in quel momento la difesa dell'apostolica religione dello Stato, abbandonata la toga ed indossato il piviale esclamò: « *Signori è in questo modo che* AUSONIO LIBERI *tratta la religione.* » Il signor avvocato Nasi, non avea letto per bene; e a lui, forse troppo occupato nelle discussioni delle cause e nelle critiche di musica classica, era ignota l'opera dell'illustre scienziato, opera che là veniva citata a comprova di una teoria scientifica. Si noti ancora che in quella pagina di romanzo, tra parentesi, si accennava alle fasi del celebre processo Plebani, discussosi anni or sono, alle Assise d'Alessandria; processo nel quale una ex-monaca veniva col fratello imputata di aver ucciso un frate, che l'avea sedotta, e dal chiostro tratta nel fango della corruzione. Seguaci della nuova scuola, che, auspice lo Zola, facendo capo alle teorie di Bernard, dimostrò come il romanzo non debba solo essere naturalistico ma addirittura sperimentale, ci studiammo e ci studieremo sempre di operare sui caratteri, sulle passioni e sui fatti umani e sociali, come il chimico ed il fisico, operano sui corpi bruti, come il fisiologo sui corpi vivi. Oggimai — scrive lo Zola nel suo ultimo libro: *Le Roman espérimental* — il determinismo domina tutto — è l'investigazione scientifica, è il ragionamento esperimentale che combatte una ad una le ipotesi degli idealisti e che rimpiazza i romanzi di pura immaginazione, con romanzi di osservazione e di esperimentazione. L'illustre Francesco De Sanctis, am-

miratore profondo del Manzoni, ed il valente Edmondo
De Amicis, il quale nel suo volume di poesie scrive
al Giacosa:

> . . . dirai che son morto impenitente
> Fido al vecchio Manzoni . . . .

non possono negare a questa nuova scuola la sua missione eminentemente morale. Mentre il Trezza e l'Ardigò, col Turcotti, ed i minori astri della filosofia moderna, fondata sulle teorie del Büchner, dimostrano, e propugnano la morale dei positivisti, la scuola letteraria, moderna, denudando i vizi, che sono il tarlo della società, e ne minacciano lo sfacelo, compie una morale missione, rimovendo il velo a misteriosi drammi, togliendo la maschera a delinquenti, che sanno vivere nell'ombra di una virtù fittizia, e pur, adulterando la legge, conoscono l'arte di scivolare sul *rink* del codice senza cadere nei feudi del fisco. E perciò il romanziere, come il fisiologo, studia le passioni nelle loro evoluzioni scientifiche, e come il chirurgo anatomizza la società, onde salire alla genesi vera dei mali che l'affliggono. Allora in brani staccati il romanziere può parere immorale, e talora anche soverchiamente ribelle al rispetto che ognuno deve alle credenze della religione comune. Ma non è così che si deve giudicare; non è in questo modo che voi potete dichiarare immorale uno scrittore. Studiate prima l'opera nel suo complesso; cercatene i punti cardinali, su cui essa si basa; cribrate pure le massime delle quali si fa eco costante e giudicatela. Altrimenti facendo, voi date maggior autorità al detto di colui, che disse: datemi una parola di uno scrittore ed io troverò in essa tanto di male da far impiccare chi l'ha scritta.

Tutto ciò sia detto in via d'abbondanza onde dimostrare ai nostri giudici, come erri anche in quest'argomento il nostro avversario. Se egli nella prima discussione, per aver agio a far un'invettiva da pulpito contro la nostra persona, non si fosse anche di quest'arma usato, all'intento di allontanare da noi ogni simpatia, noi oggi non avremmo nemmeno sfiorato quest'argomento assolutamente *estraneo alla causa*.

.*.

Veniamo all'argomento capitale.

Il direttore di un giornale, può essere processato solo per la sua qualità di direttore? Ecco la questione prima.

Sopra un punto così essenziale in materia di stampa, qual è quello della responsabilità del direttore, regna presso di noi la più completa confusione. In ogni processo di questa importante materia, la risoluzione dipende dal modo particolare di sentire dei singoli magistrati.

Si è discusso molto su questo tema, ed i più distinti scrittori di cose legali, hanno proposto uno schema di riforma, per questi casi, alla nostra legge sulla stampa. Il professore Buccellati, sostenendo la nota teoria, che va oggimai facendosi strada, che cioè i reati commessi colla stampa rientrino naturalmente nel dominio del diritto comune, e siano contemplati nel Codice penale, propone l'abolizione del gerente, e vorrebbe che in suo luogo come responsabile, venisse dalla legge riconosciuto un redattore del giornale, il quale fosse persona tale da escludere il pericolo di fare mercato del proprio nome. Questa è pure l'opinione del Crivellari, del Guerzoni, dell'Ellero. Questa è l'opinione di tutti gli scrittori. Questo è il voto nostro. Questa è l'aspirazione di quanti militano nelle schiere della stampa. Con ciò si è certi di poter sradicare la mala pianta di quel giornalismo, il quale vive di ricatto e pullula dal fango? No certamente. Si potrà far voti col Crivellari e col Guerzoni, onde la legge si premunisca contro il pericolo di redattori responsabili fittizi, ma non si potrà dissentire dall'Ellero, che afferma incontrastabilmente non esservi sicuro riparo a sì grave inconveniente.

Ebbene tutti codesti autorevoli giuristi, non esclusi il Casanova, il Brusa, il Carutti, il Ghirelli, l'Arabia, il Gabelli, propongono riforme, fanno voti per l'abolizione del gerente, e perchè i reati di stampa, siano giudicati colle norme del diritto comune, ma non dicono che la legge vigente, autorizzi la condanna del direttore. I più ortodossi parlano di responsabilità dell'autore dello scritto incriminato, ma mai del direttore e tutti s'accordano nel dire che, stando ai precetti della nostra legge sulla stampa, altri non si può colpire che il gerente.

Il professore Adeodato Bonasi, parlando della sentenza 7 aprile 1869, emanata dalla nostra Cassazione — sentenza colla quale il supremo magistrato condannava e l'autore dello scritto e chi avea dolosamente preso parte più o meno diretta, e terminava dichiarando che la legge sulla stampa nei processi di diffamazione, si dovesse compire colla legge comune — pur ammettendone le aspirazioni, non potè a meno nel suo ultimo libro: *Della legge sulla stampa* dichiarare, che con questa interpretazione il giudice ricorre ad un *arbitrario espediente*. Ed invero non solo è pericoloso, ma è deplorabile che una legge assurda abitui i magistrati a prescindere dalle sue disposizioni ed a sostituirsi al legislatore.

Vi sono altre assurdità nelle nostre leggi, che il magistrato non può a meno che rispettare. Egli può far voti perchè quest'assurdità scompaiano dal codice del nostro paese, ma non può arrogarsi il diritto di cancellarle. Guai se il magistrato a suo talento pòtesse prendere il posto di chi promulga la legge! Si torrebbe alla giustizia la sua prima guarentigia.

Oggi in cui per togliere lo scandalo di opposte interpretazioni di codice, si vuole avere un'unica Cassazione, non si potrebbe tollerare che il magistrato, solo perchè il suo sentire è tale, si togliesse completamente al suo dovere, tradisse il suo ufficio di vero custode e fedele interprete della legge, e la correggesse secondo i casi, le dottrine, i bisogni, le aspirazioni comuni.

Nessun articolo della Legge nostra sulla stampa, richiede la responsabilità del direttore. Si parla dell'autore dello scritto, ma non del direttore. Di fronte alla legge, pochissimi direttori di giornali in Italia, sono legalmente riconosciuti tali. Il solo gerente presenta le carte al Ministero dell'Interno, quale gerente ed editore-responsabile, giacchè la legge nostra vuole che chi edita, e chi è responsabile, presentino i documenti di cui essa parla. Pochissimi, ad eccezione dei direttori responsabili, sono legalmente tali di fronte alla legge, perchè invalse oggi mai l'uso di presentare al ministero il gerente nella duplice qualità di editore e redattore-responsabile. Ci si dirà: *ma ciò è immorale, ma ciò è disonesto. Voi, direttore, vi volete sottrarre a quella responsabilità che è conseguenza della vostra missione. Voi vi trincerate dietro la responsabilità di un povero Cireneo.* Errate, o signori. Così giudicando vi dimostrate completamente profani alla condizione vera del giornalista.

Il direttore di un giornale non va confuso col redattore. Sul primo gravitano interessi, doveri e responsabilità maggiori che non sul secondo. Il direttore sorveglia sull'andamento del giornale, studia i mezzi, onde esso risponda meglio al suo programma, e siccome il giornale amministrativamente è pure un affare, il direttore, che raramente è proprietario (perchè in Italia raramente i giornalisti non sono poveri), deve pure dar orecchio all'esigenze dell'editore e far sì che il giornale si diffonda quanto più si può.

Il direttore, in questi casi, pur non venendo meno a' suoi principî ed alla sua coscienza, concilia i doveri del pubblicista con quelli del marito e del padre, obbligato a dar onestamente il pane alla sua famiglia. E facendosi sacerdote delle sue idee, s'affatica ad esternarle in quei modi che più garbano alla pluralità della turba lettrice. In questa guisa soddisfa tutti, compie il dovere di cittadino e quello di uomo, nobilitando ognora più il sacerdozio della stampa.

Il direttore, moralmente di fronte alla massa del pubblico, è responsabile. Non v'è, io credo, direttore di giornale in Italia, che a chi gli va chiedere spiegazioni, presenti quella testa di legno che è il gerente. Da otto anni vivo nella palestra del giornalismo e in otto anni una sola volta mi è occorso di vedere un direttore che dava spiegazioni per bocca del gerente. Tutti sanno che alludo all'*Eco giudiziario*, giornaletto di Torino, il quale facendo i commenti alla ordinanza del Tribunale, con cui si dichiarava non farsi luogo a procedimento contro la mia persona intingendo la penna nel fiele dell'astio personale, scrisse che noi immoralmente ci eravamo tolti alla nostra responsasabilità, perchè temevano i fulmini della legge.

Medice cura te ipsum! Al direttore dell'*Eco Giudiziario*, il quale si nasconde nell'ombra, diciamo che egli non osa sgusciar fuori dall'anonimo, e mentisce persino la sua qualità quando altri gliela può dimostrare!

Cantù par che abbia pensato a qualcuno di questi miei avversari, quando, trattando di scribacchiatori tali, scrisse che essi impugnano la penna come il brigante impugna il coltello.

Non curiamoci di questi claudicanti censori, passiamo oltre.

Moralmente adunque il direttore, di fronte al pubblico, risponde di tutti gli articoli, che nel giornale sono pubblicati. Quando si esimesse a questa responsabilità ei non avrebbe diritto di appartenere alla stampa.

Talvolta, in questioni delicatissime, previ accordi di gentiluomo, col consenso di chi scrisse, rivela a chi è in diritto di saperlo, il nome dell'autore; ma non mai quando sapesse che di questa rivelazione l'interessato si facesse arma per trarre e autore e gerente innanzi ai tribunali.

Il direttore personifica il giornale innanzi al pubblico; il gerente lo personifica innanzi alla legge. Non è nostro l'asserto, ma è della Corte d'Appello di Modena, la quale in data 11 dicembre 1861 ebbe a constatare che il gerente per finzione di legge è l'incarnazione vera ed unica del giornale.

Il giornale invero a chi appartiene? Al gerente. Il giornale non è di nessun'altra persona che del gerente. Difatti è lui che presenta i documenti per assumere la gerenzia del foglio; è lui che lo rappresenta innanzi al P. M.; è lui che quotidianamente lo firma; è a lui che a tenore dell'art. 43 si fanno le intimazioni per la pubblicazione di risposte di dichiarazioni inviate da persone nominate o indicate nel giornale. Senza la sua firma il Fisco non permette l'evulgazione di nessun periodico; senza la sua presenza, sebbene l'autore dell'articolo sia conosciuto, ogni dibattimento a carico del giornale, di cui è risponsabile, vien ritenuto irregolare.

Esaminiamo attentamente uno ad uno gli articoli del R. Editto col quale è garantita in Italia la libertà della stampa.

Al capo 1° il legislatore dà le norme generali della legge. Dice che la manifestazione del pensiero è libera e che quindi vien permessa ogni pubblicazione di stampati, incisioni, litografie, oggetti di plastica e simili, purchè chi, di questa libertà vuol far uso, rispetti le norme della legge speciale che la riflettono.

E subito all'art. 4 dopo di aver detto che le azioni penali, stabilite dall'Editto, vanno esercitate: 1° contro l'autore; 2° contro l'editore se l'uno o l'altro siano sottoscritti od altrimenti conosciuti, e finalmente contro lo stampatore IN MODO CHE SIA SEMPRE L'UNO TENUTO IN SUSSIDIO DELL'ALTRO, fa una prima eccezione, e dice che questo modo di penalità non riguarda le pubblicazioni periodiche. Salve, parole testuali dell'Editto, salve le eccezioni per le pubblicazioni periodiche.

E qui siamo nel campo delle eccezioni. Il giornale, peculiare forma di pubblicazione, entra nel novero delle pubblicazioni periodiche; per lui fu scritto il Capo VIII dell'Editto. Là stanno le norme che eccezionalmente lo regolano.

Art. 35. Si dice, che ogni suddito del Re, il quale sia maggiore di età e goda dei diritti civili, può pubblicare un giornale o scritto periodico, purchè si uniformi al disposto dell'art. 36; cioè: presenti al Ministero per gli affari interni una dichiarazione in iscritto, corredata degli opportuni documenti, dai quali risulti il concorso delle qualità richieste dall'art. 35, sia in chi VUOLE PUBBLICARE IL GIORNALE SIA NEL GERENTE.

Chi vuol pubblicare potrà essere e non essere il direttore del giornale. Più comunemente chi vuol pubblicare un giornale è un nucleo di persone collegate insieme da uno scopo di partito; è un editore, che tenta fare un'onesta speculazione; è un privato, non giornalista, spinto a tale pubblicazione da particolari suoi interessi. Raramente chi vuol pubblicare è colui che viene poi, o dal partito, o dall'editore-tipografo, o dal privato interessato, assunto alla direzione della gazzetta. Per ciò la legge qui non fa parola di direttore. Parla solo di chi vuol pubblicare il giornale e del gerente, che ne assume la responsabilità. Ma già, come dissi, invalse oggi mai la consuetudine del gerente-editore-responsabile. In questo modo, pel Ministero degli interni, chi vuol pubblicare il giornale è la stessa persona che si dichiara gerente del medesimo. Il comma 3º dell'art. 36 stabilisce che il gerente declini all'autorità non solo il suo nome e cognome ma indichi persino il luogo della sua dimora. E del direttore non fa verbo. L'art. 37, in modo chiaro e preciso, obbliga ogni giornale ad avere un gerente responsabile, ma di direttore non fa parola alcuna.

L'art. 39 parla di redattore responsabile solo nel caso in cui il vero gerente muoia o si renda improvvisamente incapace a coprire le sue funzioni. L'incumbenza di questo redattore-responsabile è provvisoria e non può protrarsi al di là di due mesi.

Tant'è vero poi che il gerente, per finzione di legge, è l'unica persona, che incarni in se stessa i doveri ed i diritti, i quali nascono dalla pubblicazione del giornale, che nel suo terzo alinea l'art. 39, in caso di morte o di improvvisa incapacità del gerente, concede alla vedova o agli eredi la facoltà di sottentrargli nella gerenzia.

L'art. 41 impone al gerente, e non al direttore, l'obbligo di sottoscrivere la minuta del primo esemplare e prescrive che tutte le altre copie debbano avere la stessa sottoscrizione in istampa. E mai si accenna al direttore.

L'art. 42 dice che il gerente deve consegnare al Fisco la copia da lui sottoscritta. L'art. 43 parla dell'obbligo che hanno i gerenti d'inserire le risposte, le dichiarazioni inviate dalle persone nominate o indicate nelle LORO pubblicazioni.

L'art. 45 accenna al dovere che ha il gerente d'inserire in capo al SUO giornale qualsiasi titolo officiale, ecc.

E sempre si parla di gerente, mai e poi mai di direttore.

L'art. 46 stabilisce che nel caso di condanna contro un gerente a pena afflittiva per reato di stampa, la pubblicazione venga sospesa mentre egli stà scontando la pena a meno che non siasene surrogato un altro.

Con ciò si stabilisce sempre meglio come la legge non riconosca altra persona responsabile di un giornale all'infuori del gerente.

Veniamo all'art. 47. Esso è così concepito: Tutte le disposizioni penali portate da questo capo sono applicabili AI GERENTI DEI GIORNALI, e agli **autori che avranno sottoscritti gli articoli** in essi giornali inseriti.

Più chiaramente di così il legislatore non si potea spiegare; egli non concede nemmeno all'ufficio procedente la ricerca dell'autore. È un arbitrio nefando quello di recarsi in un ufficio di giornale per rintracciare carte, documenti, o per venire a scoprire il nome di colui, che ha redatto un articolo incriminato. Quando l'autorità giudiziaria, sotto amministrazioni di nefasta memoria, s'imbrattò di simili arbitri, abbiam veduto magistrati, deputati, giornalisti e scrittori autorevoli energicamente protestare. Così si è visto nell'ordine dei principii la *Gazzetta del Popolo* di Torino difendere *Il Ficcanaso* (giornale, che ogni giorno tentava addentare l'onorabilità del venerando G. B. Bottero) contro le vessazioni dell'Armissoglio, che avea adottato per la stampa una draconiana interpretazione di legge.

Abbiam veduto ultimamente un rappresentante dell'estrema sinistra chiedere conto al ministero della condotta tenuta dalla Procura Generale di Firenze circa la perquisizione fatta negli uffici della moderata *Gazzetta d'Italia* diretta dal Pancrazi, che non si peritò a gettare sul volto del Nicotera, sinistro parlamentare, tutta la melma dell'ingiuria e della calunnia. E malgrado che gli onorevoli Depretis e Villa dessero al repubblicano deputato tutte le spiegazioni, che in certo modo poteano appagare la Camera, pure l'interrogante, dichiarandosi insoddisfatto, disse che avrebbe tradotta la sua interrogazione in formale interpellanza, non parendogli permesso in modo alcuno il vulnerare la libertà della stampa a qualunque fazione essa appartenga.

Torniamo all'art. 47. Esso stabilisce in modo irrefragabile, che le penali disposizioni sancite dal capo VIII, scritto appositamente per le pubblicazioni periodiche, riflettono *unicamente* il gerente, il quale sarà considerato solo come complice, quando dell'articolo incriminato risponda pure l'autore, che lo ha sottoscritto.

La Cassazione di Torino, il 4 gennaio 1854, sul ricorso dell'avvocato Generale di Chambéry, contro Giovanni Maria Zanada, ebbe a giudicare che colui, il quale *acconsente* alla pubblicazione di un articolo da LUI SCRITTO, è risponsale del fatto COME AUTORE e quindi passibile di pena, quantunque l'articolo non sia da lui firmato.

Qui siamo in altro campo. Qui si parla di persona, la quale è passibile di pena, non perchè ha annuito alla pubblicazione dell'articolo incriminato, ma perchè lo HA SCRITTO. Siamo precisamente nel campo dell'autore, ed il fatto cade sotto la sanzione dell'art. 47. La Corte ha giudicato secondo le norme della legge sulla stampa. Quando il gerente o il direttore, riveli l'autore dell'articolo, il procedimento deve farsi anche contro quest'ultimo; anzi l'autore diviene per così dire, agente principale, il gerente viene solo giudicato come complice. Nè rettamente, — scrive l'avvocato Genin in una sua memoria sulla responsabilità del direttore, che trovo nella raccolta del periodico: *La legge* (Parte Penale, anno 1875) — si invoca onde colpire l'autore non sottoscritto, ma presunto dell'articolo querelato la giurisprudenza della Corte Suprema, citando in prova la sentenza 28 giugno 1854, sul ricorso del P. M. contro Garri a relazione De Ferrari poichè ivi il caso era ben diverso; l'articolo era sottoscritto: « *La direzione* » il direttore era conosciuto per la firma che in tale qualità, apponeva in calce al giornale, unitamente al gerente; quindi potevasi ritenere il direttore siccome autore dell'articolo, avendolo sottoscritto sebbene coll'indicazione generica: *La direzione* (1).

E qui cade in acconcio citare una lodatissima sentenza della Corte di Cassazione di Torino pronunziata il 7 aprile 1869, su ricorso Brochiero e Calani (Vedi *La Legge,* anno 1869, Parte Penale, pag. 535). Così in uno dei suoi *attesochè* si esprimeva il supremo magistrato:

« La Corte d'Appello fonda il suo giudizio sulla considerazione, che, avendo il direttore ammesso di aver fatto pubblicare in seguito alla presa cognizione la

---

(1) Onde siavi luogo a procedimento contro l'autore conosciuto, di uno scritto diffamatorio stampato in un giornale, non osta che il medesimo non sia da lui firmato; e la responsabilità di un articolo firmato: *La direzione*, cade sino a prova contraria, su tutti i membri componenti la Direzione del giornale medesimo, e più specialmente su quello fra essi, che in qualità di *direttore* sottoscrisse insieme col gerente, il numero del giornale in cui contiensi il capitolo incriminato (Cassazione 28 giugno 1854, in causa Savi e Pozzi).

lettera incriminata, ed avendo per di più rifiutato di indicarne l'autore, allorchè mostrò col proprio fatto di voler assumere la responsabilità delle pubblicazioni, volle far suo l'articolo e subirne le conseguenze giuridiche, così che ben a ragione, potesse il querelante riguardare lui siccome ugualmente responsabile di quel fatto, in un col gerente — ritenne essere un errore di diritto il voler fare mallevadore della diffamazione, il direttore, solo perchè un articolo, che si pretende ingiurioso, è stato inserito nel giornale, e perchè ha ricusato di rivelarne l'autore, quasichè abbia con ciò fatto proprio l'articolo e se ne sia reso complice; aggiungendo poscia ancora che nemmeno nel caso in cui altrimenti che per la sottoscrizione consti che il direttore, sia l'autore dell'articolo, la legge non conceda contro di lui l'azione penale, il che fu fatto nell'interesse della libera stampa e ad un tempo della giustizia. »

Sono di una gravità immensa queste parole del supremo magistrato, il quale veniva a dichiarare spuria una dottrina, la quale per via di arbitri voleva porre il bavaglio alla stampa e soffocarne la libertà, la indipendenza.

Bisogna sapere che il Tribunale Correzionale di Torino, il 4 giugno 1873, così si pronunciava contro il direttore, l'autore e il gerente, per un articolo diffamatorio pubblicato nella *Gazzetta di Torino:*

— Che la legge comune — sancì il Tribunale — possa invocarsi utilmente nei reati di stampa, perchè se negli scritti periodici, deve rispondere la persona del gerente, non possa da ciò dedursi che questo solo debba essere il capro espiatorio, ma debba pur rispondere e l'autore ed ogni altro che abbia efficacemente concorso alla perpetrazione e consumazione del reato.»

Con questa dottrina illogica e liberticida il Tribunale di Torino legittimava ogni più riprovevole arbitrio; si potea persin condannare il fabbricante, che al giornale diffamatore avea somministrata la carta. Ed in vero si vide persino condannato lo stampatore, solo perchè nella sua tipografia si componeva il giornale contro cui il fisco procedeva. Niente di più enorme e nel campo della giustizia e in quello della scienza. Fortunatamente magistrati di alto sapere s'opposero alla sanzione di principi, i quali stavano in perfetta contraddizione collo spirito della legge.

Su un'altra sentenza si menò molto scalpore. Il 28 gennaio la Cassazione di Torino, sanciva questa massima: gli AUTORI DI ARTICOLI di stampa criminosi POSSONO essere processati e puniti in ragione dei medesimi, sebbene non li abbiano sottoscritti.

E in base a questa massima si condannava il compianto Giuseppe Beghelli, COME AUTORE, ma non COME DIRETTORE.

Questa sentenza veniva a contraddire quello che nel 13 marzo 1852, sanciva il Magistrato d'Appello, nella causa contro Felice Govean (1).

---

(1) Il gerente di un giornale deve, a termine dell'art. 37 dell'Editto sulla stampa, tenersi sempre come risponsale e punibile quale reo principale per tutti i reati che si riscontrassero nel giornale da lui firmato; e soltanto la seconda parte dell'art. 47, stabilisce una diminuzione di pena, considerandolo come complice nel caso in cui si conosca e venga punito il vero autore firmato sotto lo scritto incriminato; che se tale scritto è solo sottoscritto con lettere iniziali, il gerente deve considerarsi come reo principale.

— 22 —

E a tal proposito, cito un brano di una dissertazione pubblicata da un illustre giureconsulto nel 75, a commento della preallegata sentenza della Suprema Corte di Torino: si censurò (scrive il valente giurista), aspramente e ripetutamente la citata sentenza, quasi avesse approvata l'opinione, che consiste nel rendere responsabile d'ogni articolo, sebbene non firmato, il direttore del giornale per la firma che appone al foglio. Ma qui vi è errore in fatto manifesto, perocchè del direttore e della sua responsabilità, unicamente come tale, non c'è verbo nella sentenza della Corte, la quale si occupò unicamente di chi è *riconosciuto autore di uno scritto inserito in un periodico e non si è firmato*. Alla sapienza della Corte non è certo sfuggita l'avvertenza che il direttore non è menzionato nella legge sulla stampa, ondechè è impossibile il sostenere che solo in tale qualità, possa cadere in qualunque responsabilità. D'altronde fra l'autore che è veramente colpevole, perchè lo scritto contenente il reato è opera *esclusivamente sua*, ed il direttore che si limita a dare l'indirizzo ed il colore del giornale, passa una tale diversità che, per quanto spetta alla rispettiva loro imputabilità, non si potrebbero mai confondere senza una flagrante ingiustizia.

Ammessa adunque quella giurisprudenza, la quale fa voti per riforme della legge sulla stampa, ma, fintanto che ella è in vigore, ne rispetta i dettami e non ne adultera lo spirito, risulta in modo preciso ed assoluto che il direttore di un giornale in modo alcuno, non può esser ritenuto responsabile, se non quando egli sia il vero autore dell'articolo, contro cui l'autorità procede. Fino a che il legislatore non avrà pensato alla riforma della legge sulla stampa, resta logica e lodevole la dottrina della Corte di Cassazione di Milano, la quale il 1 maggio 1863, nella causa contro il gerente dell'*Osservatore Lombardo,* ebbe così a pronunciarsi: alla stampa debbono applicarsi le leggi speciali che la riguardano (1).

Questo è il còmpito del Magistrato, e così ha giudicato il Tribunale Correzionale di Torino, nella sua ordinanza, colla quale dichiarava non farsi luogo a procedimento contro il direttore della *Cronaca dei Tribunali.*

Così io spero su codesta questione, giudicherà la Corte d'Appello di Torino, la quale il 14 maggio 1881, è chiamata a pronunciarsi dietro ricorso e del P. M. e della Parte Civile.

Si è fatto intorno all'ordinanza del Tribunale, che dichiarava non farsi luogo a procedimento, grande rumore. *L'Eco Giudiziario* di Torino, sorgeva col biasimare l'opera del Giustina, direttore della *Cronaca dei Tribunali,* ed insinuava che egli ne avea repudiata la responsabilità morale.

L'*Eco Giudiziario* ha interpretato malignamente le nostre dichiarazioni. Non abbiamo mai repudiata la responsabilità morale della *Cronaca dei Tribunali* come altri, il cui nome lasciamo all'oblio, ha repudiato la responsabilità morale e legale dell'*Eco Giudiziario* nella questione del pretore di Valdieri.

Noi ci trovavamo di fronte ad un querelante, il quale ci vietava la pruova dei fatti; pruova la quale avrebbe almeno messo in chiaro la nostra piena buona fede.

---

(1) Raccolta del BETTINI, vol. XV, parte 1ª, pag. 544.

Il querelante dichiarandosi sacro sotto l'usbergo della legge, forte del patrocinio di un valente avvocato, spinto in quell'arringa da questioni accanitamente personali contro il direttore del giornale processato, ci vietava ogni pruova e ci toglieva in questo modo ogni mezzo di possibile e legittima difesa.

L'*Eco Giudiziario* invece respingeva la responsabilità morale e giuridica, di fronte ad un onesto magistrato, il quale, ai suoi calunniatori diceva: provate la verità dell'asserto vostro, io vi do ampia la facoltà della pruova.

Tra la direzione dell'*Eco Giudiziario* e quella della *Cronaca dei Tribunali*, il divario morale è insormontabile; abbiamo quindi ragione di dire che le sue villanie non giungono per nulla a turbare la nostra tranquilla coscienza.

La prova dei fatti! Si tratta del diritto di far conoscere la verità per mezzo della stampa. La è una questione che fu molte volte discussa. Ragioniamo un momento.

In tesi generale quando la si consideri come una manifestazione e pubblicazione del pensiero, la stampa non è un diritto acquisitizio largito e ritrovato in questa o in quella forma di civile reggimento, ma è un diritto eminentemente naturale. Non è però un diritto incondizionato, sconfinato, illimitato, perchè nessun diritto come osserva Pietro Ellero è tale, nemmeno quello supremo di vita, perchè non puoi avere a spese dell'altrui esistenza. La stampa quindi ha una legittima sfera d'azione. Dentro a questo circolo, vi è la sua libertà giuridica; fuori di esso vi è la libertà ingiuriosa, ma non vi è la vera libertà. Ed a ciò pensava il nostro legislatore, alloraquando nel suo proemio al regio Editto sulla libertà delle stampa scrivea queste memorande parole:

« Siccome l'uso della libertà cessa di essere propizio allorchè degenera in licenza, quando invece di servire ad un generoso svolgimento d'idee, si assoggetta all'impero di malaugurate passioni, così la correzione degli eccessi debbe essere diretta e praticata in guisa che si abbia sempre per tutela ragionata del bene, non mai per restrizione arbitraria. »

E per ciò il legislatore, mosso da queste considerazioni, dopo avere nello Statuto fondamentale del Regno, promulgata e consacrata la libertà della stampa, dettava le leggi destinate a reprimerla nei suoi abusi.

E fin qui, nulla di contrario al principio eterno della giustizia; nulla che leda l'art. 28 dello Statuto del 14 marzo glorioso.

Nella stampa, scrive il dotto Cherbuliez, il male e il bene, sono talmente congiunti che non si può separarli nè disseccare la sorgente dell'uno, senza disseccare nel medesimo tempo quella dell'altro. Il giornalismo condensa in sè tutti i vantaggi e tutti i pericoli della stampa. Mentre il libro, portavoce di un individuo, stenta a diffondersi per motivi che è inutile qui riferire, il giornale, organo di una casta, si diffonde colla celerità dell'elettrico a migliaia e migliaia di copie; e ad ogni giorno, ad ogni settimana rinnova la sua esistenza, portando nuovi elementi a puntello o a rovina del suo programma.

Ed il giornale in tutto il mondo ha presa il sopravvento sul libro. Oggimai per stampa, s'intende giornalismo.

Il giornale illumina la nazione su quanto ogni giorno, in ogni sfera, si compie a detrimento o a vantaggio di essa; la mette, per quanto più può, in possesso della verità su quanto si opera e sugli uomini che aspirano per patriottismo o per libidine d'imperio al vertice del potere; moralizza il pubblico, denudando le piaghe che l'affliggono, svelando gli abusi, che si commettono, smascherando gli imbroglioni, gli intriganti, i filibustieri della pubblica moralità. Non v'è nulla adunque da stupirsi se la marmaglia dei faccendieri e dei mestatori, s'affatichi ogni giorno ad invocare leggi liberticide e condanne immorali contro la libertà della stampa. La stampa è una succursale del ministero della pubblica istruzione e nello stesso tempo è un potente ausiliario dell'autorità inquirente.

Sicuro! Molte scoperte giudiziarie sono dovute alla stampa. Se certi prevaricatori, se certi ladri in guanti bianchi, se certi amministratori avidi dell'altrui, furono colpiti dalla legge uguale per tutti, lo si deve a nessun altri che alla stampa.

Si svolgano le pagine della storia dei processi celebri e ci si smentisca se si può.

Ma è veramente libera la stampa in questo suo sacro ministerio? Può ella sempre accusare chi ha rubato, chi ha ucciso, chi ha tradita la patria? Può ella sempre smascherare i ribaldi, che studiano notte e giorno il mezzo di rasentare il codice? Può ella togliere la maschera a quel banchiere, che ruba con fallimenti dolosi, ma che egli sa far parere regolari? Può ella sempre denunziare quell'avvocato mestierante, capace per bassa venalità, di sostenere due parti in causa e mentire persino a profitto della sua borsa? Può ella sempre rivelare orribili fatti, che senza la sua voce rimarrebbero nella tenebra dell'ignoto, lasciandone impuniti gli autori?

Pur troppo che in ciò la legge è assurda.

Il Codice Penale sbarra la via della libertà con questo suo articolo: L'autore delle imputazioni od ingiurie non sarà ammesso a domandare per sua difesa, che sia fatta la prova dei fatti imputati e non potrà nemmeno allegare, come mezzo di scusa, che i documenti ed i fatti sono notori o che le imputazioni, le quali hanno dato luogo al procedimento, sono copiate od estratte da fogli stranieri (Art. 575 del Codice Italiano, del 20 novembre 1859). »

Dunque in questo modo si lede il principio della vera libertà della stampa. Non si può in modo alcuno dire la verità ad un ribaldo, perchè questo ribaldo può dire al giornalista, che lo accusa: è vero che nella mia coscienza so di essere un cattivo soggetto, ma voglio che la legge, punendo il suo coraggio, mi dia la vernice del galantuomo e, rilegandolo tra i diffamatori, mi dichiari un uomo onesto; quindi non gli concedo la facoltà della prova. » Il facinoroso nega la libertà della prova ed il Tribunale è forzato a condannare. Colle teorie, nel 1875 adottate dal Tribunale di Torino, si condannerebbero per un briccone qualunque, il gerente, il direttore, il presunto autore, lo stampatore e persino il povero fattorino della tipografia, che porta il pacco dei giornali alla casella della Posta, per la spedizione in provincia!

Cito questo fatto che trovo in una recente pubblicazione francese.

Nel 1869 il Tribunale Correzionale della Senna condannava quali ladri i coniugi Michelot, accusati di aver rubato i buoni di pane, destinati dalla carità pubblica ai poveri della parrocchia. Furono condannati: il marito a 3 mesi di carcere, la moglie a 6 mesi, la fantesca a due mesi della stessa pena. Sapete quale fu il testimone, che fece giustamente condannare quei furfanti, i quali rubavano il pane al povero? Fu un vicino dei coniugi Michelot, il quale, tempo prima, era stato condannato quale diffamatore, perchè avea avuto il coraggio di scrivere che i coniugi Michelot rubavano il pane della pubblica carità. Ebbene quel teste, che nel secondo processo fu il più valido ausilio della giustizia offesa, era prima stato vittima di una assurda disposizione di legge.

Potrei ricordare ancora la celebre causa discussasi nel 73 a Parigi, contro famosi scrocconi internazionali, i quali erano giusti ad imbrogliare il pubblico, rubando delicatamente l'ingente somma di 20 milioni.

Ebbene un giornale, prima che l'istruttore s'impadronisse di quella causa, avea denunziata alla pubblica opinione quei ladri, e il giornale era stato condannato quale diffamatore di uomini, che poi vennero dichiarati colpevoli di furto.

L'uomo onorato, il cittadino onesto, dovette inchinarsi innanzi al volgare delinquente. E tutto perchè nel Codice francese, v'è l'art. 200 che è fratello germano del dell'art. 575 del nostro Codice Penale.

La legislazione inglese non ha nel suo codice quest'assurda disposizione. Gli inglesi, pensando che il dire la verità e il farla conoscere a tutti non solo è un diritto ma è un dovere del cittadino, ha ragionevolmente in giuste proporzioni, perchè la libertà non si traducesse in licenza, concessa la facoltà della prova.

Trovo allora giusto e conseguente che la legge inglese applichi in sostanza alla stampa il diritto comune (*common Law*), così che editori, scrittori e spacciatori rispondano dell'opera loro rispettivamente o come autori o come complici (ERSKINE MAY: *Constitutional History of England, chap. IX e X*).

Non domandiamo quella licenza, che nella legge sulla stampa regna negli Stati Uniti d'America, per cui un illustre scrittore osservò, che la stampa degli Stati Uniti ha la licenza senza avere la libertà, e servendo di organo a molte calunnie ed a pochissime verità, ha il coraggio di falsare, snaturare, non la energia di esprimere opinioni.

Noi vorremmo adunque che la facoltà della prova, massime quando si tratta di accuse serie, fosse, per prescrizione di legge, concessa all'accusato. Altrimenti come si oserà smascherare un uomo disonesto? Egli vi traduce innanzi al magistrato e vi fa condannare *à coup sur*, perchè la legge non s'informa della verità o della falsità dei fatti allegati. Ella medesima, ad eccezione che si tratti di funzionari pubblici, vi nega la prova dei fatti. Ella esamina, vere o false, se le accuse, mosse all'individuo, siano nella loro natura tali da offendergli l'onore, la riputazione, o di esporlo all'odio e al disprezzo altrui. Ed ella vi condanna senza accertarsi se nel querelante sussista quell'onore, che ella dice offeso dall'articolo incriminato. Che ne succede? Avviene non poche volte che il briccone usa di questo mezzo per assicurarsi l'impunità, e per imporre il silenzio sulle sue opere malvagie.

Ci si dirà: concediamo la facoltà della prova, e noi vedremo il giornalista varcare la soglia del santuario della famiglia ed avvelenarne l'atmosfera colla sua bava malefica.

Sentite come rispose a costoro fin dal 1819 l'illustre ministro francese conte Serre: Le système de la preuve, dans le vrai, le seul qui soit capable de satisfaire pleinement l'honnête homme calomnié.

Il calunniatore diffidato a provare le sue false accuse non ha più la risorsa di dire: se avessi potuto provare, non sarei incorso in una condanna. Il diffamatore non può più dire che, scrivendo l'articolo incriminato, cedette alla prepotente forza della verità, ad un giusto sentimento d'indignazione, alla voce del suo sacro apostolato.

Concedete la prova, e la condanna del vero diffamatore sarà circondata da tal aureola di giustizia che la renderà rispettata da tutti. Nessuno più potrà dubitare della giustizia della condanna.

Maggior effetto ella avrà allora, perchè si potrà dire che si è tolta la maschera al libellista, al quale non rimarrà più la scappatoia di gridare: vedete che cosa frutta l'asserire la verità..... non si può provare e si rimane condannati!

Non sempre, signori miei, il giornalista dice la verità. Lo sappiamo. Ma raramente egli mentisce, sapendo di mentire. Talvolta egli è vittima di errori altrui, talvolta egli, senza saperlo, è strumento di ignobili vendette, di indegne manovre.

Un esempio. Si presenta al direttore di un giornale un amico, e gli dice: fammi il piacere pubblica quest'articolo; si tratta di una grave ingiustizia, si tratta di un giudice che si lascia corrompere, di un uomo che delinque e rimarrà impunito se tu non lo accusi, si tratta di un privato il quale disonora l'umanità e quelli che dovrebbero colpirlo se stanno inerti. Svegliati tu... pubblica quest'articolo... sta certo che io ne ho le prove. Fa il tuo dovere di giornalista; non aver paura, in qualunque contingenza sono qui io.

Il direttore osserva l'articolo, interroga l'amico, lo prega di dirgli la verità null'altro che la verità, e tranquillo nella sicurezza di dire la verità e di fare il proprio dovere pubblica l'articolo. La persona sporge querela.

Il querelante non ha sempre torto, si vede accusato secondo lui infamemente, ripudia la cavalleresca dottrina degli spadaccini e ricorre ai tribunali. Sa che nel Codice v'è un articolo che l'autorizza a negare la prova; egli se ne vale per risparmio di tempo, di seccature e talvolta di scandali, e fa condannare non solo il gerente del giornale ma eziandio il direttore, ammesso, ma non concesso, che la legge permetta questa mostruosità giuridica.

E il querelante soddisfatto esce dal pretorio esclamando: questa volta ho colpito il direttore! andrà in carcere il colpevole!

È giustizia codesta? No. No perchè se il querelante avesse concessa la facoltà della prova, egli forse sarebbe venuto a conoscere il vero autore dell'articolo, e si sarebbe accertato che il direttore era in buona fede.

Molti processi di stampa stanno là a dimostrare che non sempre, esclusa la condanna del gerente, si colpisce il vero colpevole.

Quando un galantuomo, che concede la facoltà della

prova, dopo il dibattimento, esauriti i testi, si trovasse di fronte ad un uomo colpevole solo di aver prestata fede ad un amico, ad uomo la cui buona fede venne sorpresa, potrà ancora dire al tribunale: si vada innanzi e si punisca? Mai no, l'uomo onesto non può e non deve stampare sulla fronte di un giornalista probo, ingannato dalla malvagità altrui, il marchio del libellista. Nè il giornalista onesto e coscienzioso si rifiuta mai a sottoscrivere una tale dichiarazione, nella quale riconosca il suo torto e pubblicamente ripari il male involontariamente commesso. N'ebbimo ultimamente un esempio al nostro Tribunale Correzionale nella causa del direttore della Dogana di Torino a carico del sig. Cerrutti e del sig. Piovano Francesco amministratore responsabile della *Gazzetta di Torino*.

Concedendo adunque la facoltà della prova non si dà adito alcuno alla licenza, anzi si dà maggior prestigio alla giustizia.

A mio avviso, scrive l'Ellero (*Arch. Giuridico*, anno 3°, pag. 632), per la contumelia non è necessario che l'onore esista, perchè anche il privo d'onore soffre con essa un danno, che niuno è autorizzato a inferirgli, o se vuolsi non è tanto l'onore che essa lede, quanto la umana dignità; ma invece nella diffamazione occorre che la *fama* (o la buona riputazione) esista, perchè chi è privo di fama non si può diffamare. La persona che si è vituperata col proprio fatto, non può dal detto altrui che riguarda questo fatto essere vituperata; il ladro è ladro, sia che glielo si dica, sia che no; e il dirglielo, come non gli può importare lesione, così non può essere interdetto se sacro il diritto di dire la verità. Per contrario si vuole interdire questo diritto, allegandosi la tutela che lo Stato deve all'onore dei cittadini; ma, oltrecchè proteggendo l'onore dei disonorati si renda una voce senza significato l'onore degli onorevoli, di tal guisa per l'onore bene fattizio, si conculca la verità bene eterno.

L'illustre giurista continua: perchè la diffamazione o la calunnia sussista, occorre non solo che l'imputazione sia falsa, ma che di tale falsità sia consapevole l'autore.

Permettetemi ancora una citazione. Dario Papa nel suo libro *Il Giornalismo* narra questo fatto: (1) « Ho
« conosciuto un giornalista, amicissimo mio, che per
« aver detto il fatto suo ad un tristo, si trovò chia-
« mato in giudizio a rispondere come direttore del
« giornale, ove le cose erano state scritte.

« Sta bene, disse, risponderò, proverò.

« Ma la legge favorisce in certi casi i malfattori,
« erigendosi a nemica dei galantuomini. Il malfattore
« che ha soltanto rasentato il Codice Penale e s'è tuf-
« fato ciononostante nell'infamia, così che l'opinione
« pubblica lo ha segnato a fuoco, ha diritto a proce-
« dere contro chi gli dice quel che gli va detto, senza
« aver l'obbligo corrispondente di permettere all'ac-
« cusatore la adduzione della prova delle accuse.

« L'amico mio, di cui sto parlando, si trovò, col
« suo gerente, in questo caso. La condanna era sicura
« per tutti e due. Non lo sarebbe stata, anzi erano
« sicuri di evitarla, se le prove si fossero permesse.
« Ma così bisognava prepararsi a doppia multa e dop-
« pio arresto.

(1) D. PAPA, *Il Giornalismo* — Verona, Tip. Franchini, pag. 289.

« Sicchè egli pensò saggiamente di andare in Tri-
« bunale e dire:

« — Io approvo pienamente quell'articolo. Ne as-
« sumo tutta quanta la responsabilità di fronte alla
« opinione pubblica; non ne ritiro, come direttore del
« giornale, nè una parola, nè una virgola; trovo che
« poteva essere ugualmente vero e giusto dicendo
« qualche cosa di più e di peggio, ma non fo il nome
« dell'autore dell'articolo per una buona ragione.

« La buona ragione era che egli non voleva, giacchè
« il poteva, obbligare l'editore del suo giornale a pa-
« gare per due anzichè per uno solo. »

Esaminiamo ancora un momento il caso nostro. Di
che cosa siamo imputati? Il sig. Barberis ci accusa
di aver stampato nella *Cronaca dei Tribunali* un articolo intitolato: *Fatto grave*, nel quale, secondo la querela, lo si sarebbe accusato di tal fatto, che qualora
sussistesse, avrebbe dato luogo ad un processo d'incesto.

Innanzi al Tribunale Correzionale i miei valenti difensori, che con tanta dottrina e con tanta abnega-
zione patrocinarono la causa della *Cronaca dei Tribunali* (1), discussero se realmente in quell'articolo fosse
nominato il Barberis. Là si parlava di un certo B.
ex-carabiniere in ritiro, il quale tentava tirare una
cambiale sull'onore della figlia accusando di seduzione
un onesto negoziante. L'avv. Basilio epigrammatica-
mente dimostrò che era il querelante colui il quale si
ravvisava in quell'articolo, e che quindi la verità lo

---

(1) Avv. Gian Paolo Basilio, Angelo Muratori, Samuele Levi, Secondo Papin.

aveva punzecchiato. Il Tribunale ritenne che là altri che il Barberis non si potesse ravvisare.

Qui è pregio dell'opera narrare sinteticamente la storia dei fatti. Il Barberis, ex-carabiniere in ritiro, ha una figlia, la quale è qualche cosa di poco buono, come si legge nella querela del padre, redatta dall'avv. Carlo Nasi, notoriamente conosciuto per mio nemico personale a causa di certa polemica ingaggiata con lui nella *Gazzetta di Torino*, due anni or sono.

La figlia Teresa fugge di casa; non fu rapita certo da nessuno, perché altrimenti il signor Barberis non avrebbe aspettato tanto tempo per dar vita ad un secondo processo.

Fatto sta che Teresa Barberis, ragazza rotta ad ogni vizio, la quale non ha scrupolo di farsi fotografare mezza nuda, finisce di trovarsi nel potere di certo Giovanni Goffi stimato negoziante della nostra città.

Qui il magistrato che vuol rendersi coscienza di tutti i fatti di questa causa dolorosa, deve necessariamente compulsare le tavole del processo Goffi e Bassino, documenti avocati alla causa, su cui la Corte di Appello il 4 maggio dovrà giudicare. Sorvoliamo su tutte le trattative, che intercessero tra i genitori della Barberis ed il signor Goffi. Non giudichiamo la moralità di questa condotta. Facciamoci alla causa. Goffi accusato di seduzione sta innanzi alla Pretura Urbana di Torino. Fu un processo scandaloso. L'avv. Palberti difensore del Goffi innanzi alle veemenze del querelante deve ritirarsi. Il Goffi è costretto di ricorrere al patrocinio dell'avv. Angelo Muratori del foro fiorentino. Uomo energico, quant'altri mai, l'avv. Muratori sfida la bufera pur non schivando talvolta, perchè trascinatovi pei capelli, incidenti che venivano poi sempre più a dimostrare quanta passione soffiasse in quella controversia. Fatto sta ed è che Giovanni Goffi, per mezzo di otto testimoni, fece sapere al magistrato giudicante che la figliuola Teresa, prima e dopo la sporta querela, avea confessato di essere stata vittima di osceni oltraggi da parte del padre. Fra queste deposizioni prego il magistrato di esaminarne specialmente due, quelle dell'avv. Giuseppe Ferrero e del signor Gozzano, dottore in medicina. Ora questo fatto venne alla conoscenza di un reporter della *Cronaca dei Tribunali*, e da questo referto nacque l'articolo incriminato, nel quale si denunziava il fatto all'autorità competente. E tant'era la buona fede di chi scrivea che il giornale svelava subito la fonte dell'accusa, e si proponeva di fornirne la prova. Ora è questa la condotta di chi ha il cattivo animo e la prava abitudine di diffamare il suo simile? La *Cronaca dei Tribunali* inventava forse l'accusa che scagliava contro Barberis, o si faceva invece eco fedele al deposto di otto testimoni? La *Cronaca dei Tribunali* per libidine di dire il falso, o per brutale istinto di disonorare un uomo, raccoglieva l'accusa dal fango, o non la raccoglieva invece dalla bocca di testimoni che ella deve credere onorati ed attendibili, giacchè contro di essi non si è aperto regolare procedimento?

E se è vero, e sfidiamo qualunque a smentirlo, che otto testimoni deposero quanto il Barberis dice diffamatorio, perchè non si procedette contro il Barberis o contro i testimoni?

O incestuoso il Barberis, o falsi i testimoni.

L'avvocato della Parte Civile nel primo processo

contro la *Cronaca dei Tribunali* ha detto: Goffi si è servito di questo per difendersi; egli ha indotto la figlia Teresa a baciar così basso. » Come voi, Giovanni Goffi, per difendervi siete ricorso allo spediente di indurre la scellerata Barberis ad accusare chi le avea dato la vita? Non vi bastava, come asserì la Parte Civile, aver tratto quella sciagurata nel fango del vizio, nella melma delle mantenute, ma avete pur voluto che toccasse l'acrema dell'infamia accusando di incesto il padre suo? Ma vi può essere qualche cosa di più orribile, di più osceno, di più criminoso? Non ripugna alla coscienza ed alla mente dell'uomo la sola idea di imbrattarsi di tanta viltà? Ma a quale scopo? L'avvocato del Barberis risponde: Goffi ha messo su questa macchina infernale allo scopo di difendersi.

Sarà sciagurata, pensavamo noi, sarà obbliosa dell'onore, sarà tutto quello che volete Teresa Barberis, ma non dipingetela tale figliuola da soffocare la più santa voce della natura: quella di figlia. Siete voi, o signor Barberis, che accusate vostra figlia di tanta mostruosità! Ma perchè allora vi curate di lei, perchè non la repudiate, perchè non la cancellate dal vostro cuore? Perchè, usando dei vostri diritti paterni, non la fate rinchiudere in qualche casa di correzione?

Ma poi a qual fine Teresa Barberis avrebbe dovuto pronunziare una tanta menzogna? Per difendere Goffi? Ma credete voi che Teresa Barberis sia l'innamorata di Goffi, credete che ella non sappia quale sia il destino riservato alle mantenute

> importune, superbe, dispettose,
> prive d'amor, di senno, di consiglio,
> temerarie, noiose, inique, ingrate,
> per pestilenza eterna al mondo nate?

Non sapea forse, ragionavamo, ancora Teresa Barberis che avrebbe dovuto accusare di fronte suo padre? E poi Teresa Barberis non avrebbe, quando fu col padre ultimamente, rivelate tutte le scene della sozza commedia? Non dico che Teresa Barberis abbia detto il vero. Dico che Teresa Barberis ha accusato di osceni attentati il padre suo, e lo ha accusato non con uno ma con otto testimoni. Non lo ha accusato una sola volta ma parecchie. Questo io dico e null'altro.

Ora non vi è che un dilemma, o Barberis è colpevole, o i testi sono falsi. O Barberis, è innocente e i testi vittima di una Teresa Barberis capace di accusare falsamente suo padre del più lurido dei reati.

E in un caso e nell'altro la *Cronaca dei Tribunali* è in piena buona fede. Quale interesse potea sproñare la *Cronaca dei Tribunali* contro Barberis? La sua buona fede non è forse chiaramente dimostrata?

Se il querelante Barberis avesse concessa la facoltà della prova, avrebbe constatato che la *Cronaca dei Tribunali* ha agito in buona fede, spinta da un sentimento di giustizia. Creda l'avvocato del Barberis che non vi fu dolo, nè vi fu animo pravo. Un uomo onesto di fronte a queste dichiarazioni sa quale via gli si apre dinanzi. Annulla la querela.

Terminiamo l'istoria.

Bassino e Goffi nel primo processo alla Pretura Urbana vennero condannati. Goffi e Bassino si appellarono al Tribunale Correzionale di Torino. In questo frattempo le parti s'accomodarono, il padre della Barberis ricevette dal Goffi la figliuola incinta ed una somma di lire 1200, col patto di non parlare mai più del doloroso incidente e di ritirarsi da Parte Civile.

Il Barberis invero nel processo d'appello non si costituì più Parte Civile, e Goffi e Bassino vennero assolti, nel mentre stesso che la figlia Teresa, rottasi nuovamente col padre, lasciava la sua famiglia.

Tutto ciò ho narrato; perchè tutti possano farsi un esatto concetto della moralità della causa.

Ora siamo di fronte ad un altro dibattimento.

La *Cronaca dei Tribunali* deve nella persona del suo direttore e del suo povero gerente rispondere di diffamazione per avere riportato quello che otto testimoni avevano detto.

Se i testi non hanno deposto il falso l'autorità giudiziaria doveva procedere contro il Barberis, e quindi il processo di diffamazione a tenore dell'art. 576 doveva rimaner sospeso.

Se i testi hanno detto il falso prima contro loro si doveva procedere. Ma fino a che voi non li accusate di mendacio e come falsi testimoni non li fate condannare, voi ingiustamente perseguitate la *Cronaca dei Tribunali*.

Che cosa ha fatto la *Cronaca*? Essa in una forma diversa dal comune ha dato il resoconto di un processo. Ma il processo si faceva a porte chiuse. Signori, ha detto l'avvocato Muratori, io non mi ricordo di aver mai veduto l'aula di una Pretura Urbana più traboccante d'uditori. Me ne appello alla lealtà dell'avversario. La *Cronaca dei Tribunali* in questo caso avrebbe semplicemente violato il terzo alinea dell'art. 10 del Regio Editto sulla stampa. Ammesso che il Barberis abbia tutte le ragioni di querelarsi, gli domandiamo, se gli abbisogna la condanna del nostro gerente per presentarsi alla società e dire: io sono un galantuomo diffamato ed oggi pienamente soddisfatto.

Giuseppe Barberis, voi avete di fronte un gerente, un povero padre di famiglia, il quale non vi ha per nulla toccato, e vi dice, e vi dimostra, che la *Cronaca dei Tribunali* non vi ha diffamato pel brutale istinto di gettar sul volto dei galantuomini il fango della contumelia, che la *Cronaca dei Tribunali*, non ha fatto che riferire la deposizione di otto testimoni, e che a questi otto testimoni, voi avete perdonato perchè li sapevate tratti in inganno dalla perfidia di vostra figlia. Egli vi dice ancora che se volete una dichiarazione colla quale la verità dei fatti venga ripristinata voi l'avrete. Non inspiratevi ad interessi, nè a voci di astii personali. Siate voi giudice della causa.

Questo vi dice Vecchio Felice, gerente della *Cronaca dei Tribunali*. Sentiremo che cosa saprà rispondere Giuseppe Barberis.

Un ultima considerazione e finisco.

Il magistrato alloraquando giudica un delinquente tiene pur sempre conto delle qualità morali e dei precedenti del giudicando. In materia di stampa coloro che giudicano, dovrebbero pur ben esaminare, se il giornale dell'articolo incriminato sia proclive per abitudine alla diffamazione, se coloro che lo dirigono e coloro, che lo scrivono siano noti per altri processi di simile genere.

La *Cronaca dei Tribunali*, in quattro anni di vita floridissima, non fu mai processata. Ultimamente venne sequestrata per un articolo di politica sull'assassinio di Alessandro II. Pel quale sequestro sto sempre in attesa del regolare dibattimento.

Nè il direttore, nè i redattori vennero mai giudicati,

nè processati. Ciò dimostra che la *Cronaca dei Tribunali*, non deve la sua prospera vita nè agli scandali, nè ai processi, nè alle ingiurie. Lascia ad altri questa aureola. E voi onorevoli miei avvocati, dite pure, che fin dal 1878, nella *Rivista Subalpina* del Mazzoni in una monografia su Alessandro Manzoni facevo il mio atto di fede giornalistico ripetendo i versi del grande poeta:

> alla meta mai
> non torcer gli occhi: conservar la mano
> pura e la mente: delle umane cose
> tanto sperimentar, quanto ti basti
> per non curarle: non ti far mai servo
> non far tregua coi vili: il santo vero
> mai non tradir: nè profferir mai verbo
> che plauda al vizio, o la virtù derida.

Non mi difendo da diatribe personali dell'avv. Carlo Nasi. Contro la mia persona giuridicamente assente, perchè posto fuor di causa, l'avvocato Nasi, cedendo all'impeto di individui rancori, ad orcioli scagliò su di me le invettive più violenti e le accuse le meno giustificate. Se io mi fossi trovato sul banco degli imputati sarei sorto a dirgli: avvocato Nasi, io vi do la facoltà della prova, come ve la concessi due anni or sono, ed abbiate il coraggio di formulare la menoma accusa che possa intaccare la mia onorabilità di uomo e di giornalista. Voi, onorevoli miei difensori, avete risposto dignitosamente a quelli sfoghi di biliosa retorica ed io ve ne ringrazio. Spero che al 4 maggio non si rinnoverà la scena del 22 febbraio; spero che almeno l'importanza della causa e la dignità della Corte s'opporranno allo scandalo di un avvocato, che si vale della libertà della toga, per scagliare sull'avversario gli insulti e le invettive canine.

L'avvocato della Parte Civile, come in altri processi di stampa, malgrado che egli sia stato e sia giornalista, dirà roca della libertà della stampa, la deriderà, la dirà ridicola panacea del secolo XIX. Tocca al giornalista rispondere all'avvocato. La libertà della stampa, avvocato Nasi, è la prima conquista del progresso. Fa parte della dichiarazione dei diritti dell'uomo. In tutti i paesi civili e liberi, essa fu promulgata e rispettata. Per essa scrissero i più grandi ingegni. In Inghilterra Starkie e Holt, in Francia Dareu, Mirabeau, Carnot, Garnier-Dubourgneuf, De Berny, Pic, Peignot, Celliez, Baudoum, Pegat, Hélie, Isambert, Parant, Chassan, De Grattier, Grellet, Dumazeu, Bories, Bonassies, Vingtain, Vente, Rousset, Duboys, Chassin; in Germania: Fichte, Rhoden Wan Wik, Vereiek, Mancregnaust Van Hemmel, Walter, Weber, Kettenacker e l'illustre Mittermayer.

Voltaire propugnò la più ampia libertà di stampa, errò quando predisse che ella non avrebbe mai fatto cadere, nè un trono, ne un altare (1).

Si sbagliò. Gli articoli di Camillo Desmoulins fecero cadere l'ultimo dei Capeti, la *Lanterna* di Rochefort, seppellì l'ultimo dei Napoleonidi.

La libertà della stampa, ha fatto sempre e farà sempre del bene. Jules Simon ha scritto che la libertà della stampa è il palladio della libertà di una nazione. Guizot lasciò ai posteri queste memorande parole: Noi dobbiamo vivere sotto un regime di libertà, è quindi di

(1) VOLTAIRE: *Dictionnaire philosophique*, verbo *liberté*.

libertà per il falso come per il vero, per il male come per il bene, per un linguaggio sconveniente, violento, triviale, come per un linguaggio conveniente e misurato. Sarebbe vano pretendere di soffocare tutti gli errori, di rilevare tutte le sconvenienze, tutte le malvagie parole.

Thiers dichiarò la libertà della stampa, la prima delle libertà. Grevy disse che la sua gloria immortale, consiste appunto nel costringere i suoi nemici ad ossequiarla, mentre tentano di strozzarla. Montalembert aggiunse che dove non vi è libertà di stampa manca la vita nazionale. Victor Hugo, ebbe a dire: Che cosa possono fare le leggi contro la stampa? Comprimerla? Ma come, se essa non si può comprimere! Circoscriverla? Essa è infinita. Soffocarla? Essa è immortale. Parlare, scrivere, stampare, sono cose identiche, dal punto di vista del diritto. Il diametro della stampa è il diametro stesso della libertà.

Nè basta. L'inglese Sheridan: datemi, esclamò, datemi la libertà della stampa, ed io concederò al ministero una Camera dei Pari venale, una Camera dei Comuni, servile e corrotta. Armato della libertà della stampa, lo seppellirò fra le rovine degli abusi, coi quali esso tentava salvarsi.

E non parlo di Girardin e del Chassan, che dissero essere la libertà della stampa il più prezioso dei diritti dell'uomo. Sotto questo aspetto il giornalismo è un sacerdozio santissimo. Secondo le idee di Strauss e di Rénan, (Cap. XXVIII. *Vita di Gesù*) Cristo fu il corifeo dei liberi apostoli del giornalismo.

L'illustre Federico Sclopis, che ebbe l'alto onore di redigere il proemio al Regio Editto del 26 marzo 1848, ha scritto: la libertà della stampa è necessaria guarentigia delle istituzioni d'ogni ben nato governo rappresentativo, non meno che precipuo istromento di ogni estesa comunicazione di utili pensieri vuol essere mantenuta e protetta in quel modo che meglio valga ad assicurarne i salutari effetti.

*
**

L'Ellero, il quale nelle sue proposte di riforma giunge persino a suggerire l'ammonizione pei giornalisti di basso conto, ha osservato che il giornale è in letteratura, ciò che nel commercio è la società anonima; ente impersonale ed acefalo; fa quindi voti perchè uno lo rappresenti degnamente, onde la legge sappia a chi rivolgersi.

Col Carrara, col Mancini, col Buccellati, col Crivellari, col Guerzoni e con tutti gli altri illustri giureconsulti, vorrebbe che questo rappresentante non fosse il gerente, il quale, fa il delinquente, ed esercita il mestiere di andare in prigione per un altro (GUERZONI, *la stampa odierna e la legislazione in Italia.* — Vol. XII, 1ª Serie, pag. 56).

Si può essere contrari all'istituto del gerente, senza unirsi al Guerzoni, nel dirlo: *testa di legno, uomo di paglia, capro emissario* ecc. Il gerente per ora, prima della riforma della nostra legge sulla stampa, è l'unica persona responsabile. Anzi il gerente è una garanzia contro possibili persecuzioni a danno di un giornale. Il Rauter insegna che la responsabilità del gerente in faccia alla legge, non è derogatoria al diritto comune, il quale stabilisce essere personale la responsabilità nei delitti, dappoichè il gerente allorchè riveste le condizioni di vero gerente, altro non è secondo la legge, che l'unico responsabile di quanto si pubblica nel giornale (RAUTER: *Traité du droit criminel*. Tom. 1, pag. 160 e 577).

Con ciò sono assai bene lontano dal farvi credere che il povero Vecchio Felice, sia infatti il vigile sorvegliatore della *Cronaca dei Tribunali*. Se fosse possibile un processo contro la *Cronaca dei Tribunali* senza il legale intervento di Vecchio Felice, ben volentieri, in vista della sua famiglia, m'andrei a sedere sul banco degli imputati a suo posto.

Riformate, signori, l'articolo del Codice Penale, col quale non si concede la facoltà della prova e allora togliete pure il gerente, ed obbligate a rispondere del giornale un redattore responsabile, e noi saremo i primi ad unire la nostra debole voce a quella degli illustri che propugnano la invocata riforma.

Vecchio Felice, va pure tranquillo al tuo banco; tu non sei il gerente responsabile di un periodico ricattista e diffamatore; siediti, tranquillo, e pensa come il mugnaio San Souci, che a Torino vi saranno dei giudici. Giuseppe Barberis, il quale non vorrà fare di questo processo una speculazione, di fronte a tanta lealtà e buona fede, saprà che lo stenderti la mano è un suo dovere.

I nostri valorosi avvocati, hanno saputo assai meglio di me, difendere la mia e la tua causa. Per me e per te, li ringrazio dal più profondo del cuore. Non fu diffidenza di loro che mi mosse a scrivere queste pagine: fu il dovere di giornalista che me lo impose. Al ricordo delle invettive della Parte Civile, io vorrei dire qualche cosa di più... dovrei finire altrimenti, sfogando un giusto sentimento di amor proprio offeso. Nol faccio pel rispetto che debbo e ai giudici, e ai miei avvocati, e ai miei colleghi, e a quanti leggeranno questa memoria.

Ho scritto giù alla buona, come il mio solito, senza fronzoli, senza magistero cattedratico, senza lusso di erudizione. Ho scritto come scrivono tutti i giornalisti, costretti, come i poeti, estemporanei ad improvvisare e a nemmeno rileggere i loro versi.

Accusatemi di tutto, ma non avete il diritto, vedendomi, di dire:

> Vela il soverchio ardir con la vergogna
> E fa manto del vero alla menzogna (1).

(1) Tasso, *Gerusalemme Liberata*. Cant. IV.

Printed by Libri Plureos GmbH in Hamburg, Germany